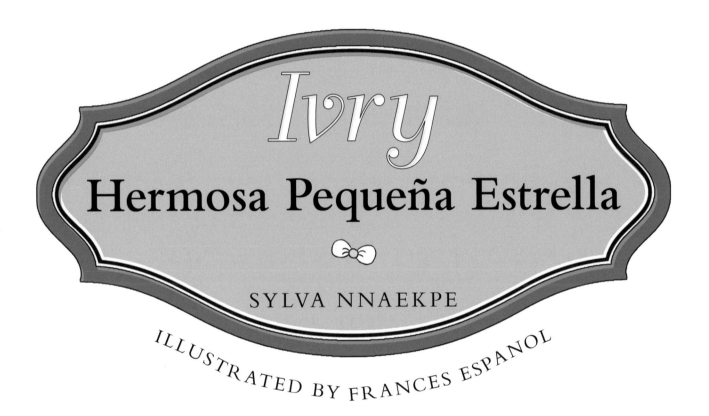

Ivry
Hermosa Pequeña Estrella

SYLVA NNAEKPE

ILLUSTRATED BY FRANCES ESPANOL

Mi nacimiento marcó la felicidad, la alegría y la risa. Fue la vista más hermosa para contemplar.

Tengo las características más hermosas: pelo, ojos, nariz, orejas, dientes, y boca, como todos los demás.

Mi corazón está lleno de compasión, amor, y cuidado. Tengo una mente que puedo llamar a la mía.

Soy un espíritu libre —
dispuesto, capaz, listo
para aprender, y explorar
cosas nuevas.

La sangre corre en mis venas, y yo paso por el mismo proceso de crecimiento y desarrollo; como

Aprendo a gatear, hablar, sentarse, estar, caminar, y correr, al igual que muchos de los niños que conozco.

Disfruto de los regalos de la vida-Aire, agua, comida, bebida, luz solar, las estrellas, las arenas, y las estaciones- igual que todos los demás.

Tengo un montón de energía. Estoy vestido para adaptarse a las estaciones, y soy un niño genial.

Estoy rodeado de personas que se preocupan y quieren verme hacer bien.

Voy a crecer para ser lo que quiera y elegir estar con la ayuda y el apoyo de las personas que me aman, me importan y están a mi alrededor.

Soy amado y me importa.

El estado y los símbolos
pueden tratar de lágrima,
pero estoy seguro de que
juntos podemos hacer
que el mundo sea mejor
que cómo lo conocimos.

Mi nombre es ivry.

Yo soy hermosa.

Y,

Tú también lo eres.

Puede hacer pedidos de libros de Archway Publishing en librerías o poniéndose en contacto con:

Archway Publishing
1663 Liberty Drive
Bloomington, IN 47403
www.archwaypublishing.com
1 (888) 242-5904

Debido a la naturaleza dinámica de Internet, cualquier dirección web o enlace contenido en este libro puede haber cambiado desde su publicación y puede que ya no sea válido. Las opiniones expresadas en esta obra son exclusivamente del autor y no reflejan necesariamente las opiniones del editor quien, por este medio, renuncia a cualquier responsabilidad sobre ellas.

ISBN: 978-1-4808-8274-4 (tapa blanda)
ISBN: 978-1-4808-8275-1 (tapa dura)
ISBN: 978-1-4808-8273-7 (libro electrónico)

Información sobre impresión disponible en la última página.

Fecha de revisión de Archway Publishing: 10/18/2019

Printed in the United States
By Bookmasters